U0030794

M3
Journal

組織與計畫筆記

幫你實現工作與生活目標的完美夥伴

如果我迷路了
請和我的主人聯繫：

目錄

請把這本筆記本當作你的生活與工作伴侶。

你翻開了這本筆記，表示你心中懷有亟欲實現的夢想。

未來正待書寫，今天就是提筆的絕佳日子。

預祝你成功，滿懷著勇氣朝夢想邁進！

使用方法

M3 目標達成筆記是你的行動筆記與日記，可以幫助你在 3 個月內，一步步達成你的目標與夢想。

筆記共 3 期，每 4 週為一個進步單位。

每週設定 3 個目標，必須在 7 天內完成。每天制定 3 項**優先任務**，以時間區塊規劃行動，幫助你在時限內完成。

每星期計算**進步點數**，回顧一週的成功與失敗。一期結束後檢視成果，畫出成功曲線，觀察自己的進步軌跡。

你可以照著自己的節奏走，在過程中隨著進度調整計畫。

可以獨立執行，（最好）也可以尋找 2~3 位同好組成**贏家精神俱樂部**，互相加油打氣，一起追求成功的喜悅。

每天在固定時間寫筆記，一次只要 20 分鐘。這 20 分鐘可以改變你的一天。

進度追踪
視覺化

寫下
每週目標

未來任務
管理

第 1 週　　　　　從　/　到　/　（日期）

S1　　　S2　　　S3　　　S4

本週的 3 個優先目標

❶ _____
❷ _____
❸ _____

我的待辦事項清單

重要但不緊急	重要且緊急
....	....
....	....
....	....
....	....
緊急但不重要	**不緊急也不重要**
....	....
....	....
....	....
....	....

第　　　日：20　　/　　/

我的第1期第1週

3 項優先任務　　　　花費時間

❶ _____
❷ _____
❸ _____

毅力就是把不可能變成或許，把或許變成可能，
再把可能變成一定會成功。
—— 列夫・托洛斯基（Léon Trotsky）

————— 勵志名言

時間表

5h	6h	7h	8h
9h	10h	11h	12h
13h	14h	15h	16h
17h	18h	19h	20h
21h	22h	23h	24h

————— 時間區塊
& 計畫

幸福感：今天感到幸福的原因是什麼？

————— 每日心情
檢視

第 1 週總結

進度檢查
& 計畫 ────────●

問卷

實踐

這個星期實現了什麼？還有什麼事情待做？

. . . .
. . . .
. . . .

成功

做成了什麼？為什麼？要如何再繼續成功？

自我肯定
& 進取 ────────●

. . . .
. . . .
. . . .

困難

碰到困難了嗎？我是如何克服的？

反思
& 改進 ────────●

. . . .
. . . .
. . . .

學習

學到什麼了？最讓我印象深刻的是什麼事？

積極思考
& 感恩 ────────●

. . . .
. . . .

本週最成功的事	本週最失敗的事

● ──── 面對
成功 & 失敗

我的進步點數

目標 1	/4
目標 2	/4
目標 3	/4
每筆記錄	/7
後援團 *	/6
總點數	/25

● ──── 進步分數
自評

* 如果出席俱樂部聚會，或者在網上跟成員交流就可以得分。如果沒有
後援團，你可以給自己的意志打分數。

不要用晚上的收穫量來評價白天，
　而是用你撒出去的種子數量。
　　　——史蒂文森（R·L·Stevenson）

筆記

我的生活與想望

我怎麼展望 3 年後的生活？為什麼？

. . . .

. . . .

要過上這種生活，從現在開始一年內必須做到哪些事？

. . . .

. . . .

利用 M3 筆記一定要馬上做什麼改變，或採取哪些措施，
才能接近我的理想生活？

. . . .

. . . .

我最重要的 5 個目標

1 _____

2 _____

3 _____

4 _____

5 _____

目標之輪

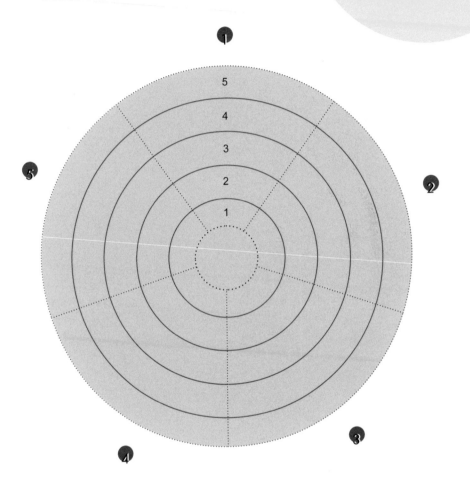

目標之輪可以將目標的進度視覺化（第 1 級最靠近中心，也是第 1 階段），隨著一期一期的進程，要時時回來更新這個圖，達到第 10 級就表示你達成目標了。

視覺化看板

好了，現在我們開始實際操作。

畫出或剪下在雜誌上你夢想中想要擁有的東西，把你認為重要的事物集中起來，將目標視覺化。

達成目標的獎勵點子

目標

獎勵

第 1 期行動

我的目標與動力

在這一期中，我要達到什麼（聰明的）目標？

達成這個目標為什麼對我很重要？

如果我達成目標會有什麼獎勵？

當這個目標達成後，接下來的階段是什麼？

當我們走上這條叫做晚一點的道路之後，

就會到達一個叫做永不的廣場。

──塞內卡（Sénèque）

我的行動計畫

在下方的計畫表中填入中間目標,但不超過我預估每星期用來做這件事的時間。

每星期我要在目標上花多少時間: ....

第 1 週

第 2 週

第 3 週

第 4 週

我的 M3 筆記合約

最後我會填寫這份合約，這個合約的象徵意義很高，因為它代表了對自己的承諾。

本人 .... 承諾最晚在 20 .... / .... / .... 會達到設定的目標。

我的目標明確、可測量、具有企圖心且符合現實，而且有時效性，我會仔細地實踐行動計畫。

我很清楚自己的動機，而且只在達成目標的時候獎勵自己。

如果我選擇跟一群夥伴一起實踐，我承諾會認真參加贏家精神俱樂部的聚會，把握所有機會，保持動力，並在活動期間鼓勵我的夥伴。

為了成功，我會每天在 .... 記錄我的 M3 筆記。

（地點）.................................... 簽名：

（日期）20 .... / .... / ....

第 1 週

S1 ● ── S2 ── S3 ── S4 ──►

本週的 3 個優先目標

1 ＿＿＿＿＿＿＿＿＿＿＿＿＿＿＿＿＿＿＿＿＿＿＿

2 ＿＿＿＿＿＿＿＿＿＿＿＿＿＿＿＿＿＿＿＿＿＿＿

3 ＿＿＿＿＿＿＿＿＿＿＿＿＿＿＿＿＿＿＿＿＿＿＿

我的待辦事項清單

重要但不緊急	重要且緊急

緊急但不重要	不緊急也不重要

成立俱樂部

俱樂部每週聚會

............/............/............（日期）............點 在 ....（地點）

俱樂部會長

集體獎勵

....

俱樂部成員

姓名：...   目標：...

姓名：...   目標：...

第 1 週準備事項

....的 3 個主要目標是：

1 _____

2 _____

3 _____

....的 3 個主要目標是：

1 _____

2 _____

3 _____

我每天早上的例行活動
醒來會做的前 3 件事

晚上的例行活動
睡前會做的 3 件事

本週的想法

第......日：20......./......./.......

3 項優先任務

花費時間

1 _____ ....
2 _____ ....
3 _____ ....

毅力就是把不可能變成或許，把或許變成可能，
再把可能變成一定會成功。
——列夫・托洛斯基（Léon Trotsky）

時間表

5h	6h	7h	8h
9h	10h	11h	12h
13h	14h	15h	16h
17h	18h	19h	20h
21h	22h	23h	24h

幸福感：今天感到幸福的原因是什麼？

. . . .

第........日：20........./........./........

3 項優先任務

花費時間

1 _____ ....

2 _____ ....

3 _____ ....

只要有意願，我們就能做到。

——普魯斯特（Marcel Proust）

時間表

5h	6h	7h	8h
9h	10h	11h	12h
13h	14h	15h	16h
17h	18h	19h	20h
21h	22h	23h	24h

幸福感：今天感到幸福的原因是什麼？

· ·

第 .... 日：20 .... / .... / ....

3 項優先任務

花費時間

① _____ ....

② _____ ....

③ _____ ....

> 預知未來最好的方法，就是去創造它。
>
> ——彼得 · 杜拉克

時間表

5h	6h	7h	8h
9h	10h	11h	12h
13h	14h	15h	16h
17h	18h	19h	20h
21h	22h	23h	24h

幸福感：今天感到幸福的原因是什麼？

第 .... 日：20 .... / .... / ....

3 項優先任務

花費時間

1 _____ ....

2 _____ ....

3 _____ ....

沒有任何成功是簡單的，也沒有什麼失敗是永遠的。

——普魯斯特

時間表

5h	6h	7h	8h
9h	10h	11h	12h
13h	14h	15h	16h
17h	18h	19h	20h
21h	22h	23h	24h

幸福感：今天感到幸福的原因是什麼？

....

第 .... 日：20 .... / .... / ....

3 項優先任務

花費時間

1 _____ ....
2 _____ ....
3 _____ ....

想要成功就記住這三句格言：見識即是知識，
意志即是力量，敢於就會擁有。

—— 繆塞（Alfred Musset）

時間表

5h	6h	7h	8h
9h	10h	11h	12h
13h	14h	15h	16h
17h	18h	19h	20h
21h	22h	23h	24h

幸福感：今天感到幸福的原因是什麼？

....

第 .... 日：20 .... / .... / ....

3 項優先任務

花費時間

1 _____ ....

2 _____ ....

3 _____ ....

那些等待所有危險都被排除後才揚帆的人永遠都不會出航。

——托馬斯·富勒（Thomas Fuller）

時間表

5h	6h	7h	8h
9h	10h	11h	12h
13h	14h	15h	16h
17h	18h	19h	20h
21h	22h	23h	24h

幸福感：今天感到幸福的原因是什麼？

· ·

第 .... 日：20 .... / .... / ....

3 項優先任務

花費時間

❶ _____ ....

❷ _____ ....

❸ _____ ....

> 不是因為事情困難我們才不敢做，
> 而是因為我們不敢做事情才會變得困難。
>
> ——塞內卡

時間表

5h	6h	7h	8h
9h	10h	11h	12h
13h	14h	15h	16h
17h	18h	19h	20h
21h	22h	23h	24h

幸福感：今天感到幸福的原因是什麼？

. . . .

第 1 週總結

問卷

實踐

這個星期實現了什麼？還有什麼事情待做？

. . . .

. . . .

. . . .

成功

做成了什麼？為什麼？要如何再繼續成功？

. . . .

. . . .

. . . .

困難

碰到困難了嗎？我是如何克服的？

. . . .

. . . .

. . . .

學習

學到什麼了？最讓我印象深刻的是什麼事？

. . . .

. . . .

. . . .

本週最成功的事 | 本週最失敗的事

我的進步點數

目標 1 .... /4

目標 2 .... /4

目標 3 .... /4

每筆記錄 .... /7

後援團 * .... /6

總點數 .... /25

* 如果出席俱樂部聚會，或者在網上跟成員交流就可以得分，如果沒有
後援團，你可以給自己的意志打分數。

第 2 週

S1   S2   S3   S4

本週的 3 個優先目標

1. _____

2. _____

3. _____

我的待辦事項清單

重要但不緊急	重要且緊急
....	....
....	....
....	....
....	....
....	....

緊急但不重要	不緊急也不重要
....	....
....	....
....	....
....	....
....	....

第 2 次俱樂部聚會

俱樂部每週聚會

........../........../..........（日期）..........點 在..（地點）

....

....

....

....

....

第 2 週準備事項

.... 的 3 個主要目標是：

❶ _____

❷ _____

❸ _____

.... 的 3 個主要目標是：

❶ _____

❷ _____

❸ _____

35

我每天早上的例行活動
醒來會做的前 3 件事

晚上的例行活動
睡前會做的 3 件事

本週的想法

第 .... 日：20 ...... / .... / ....

3 項優先任務

花費時間

1 _____ ....

2 _____ ....

3 _____ ....

一個人可能犯的最大錯誤，就是害怕犯錯。
—— 阿爾伯特・哈伯德（Elbert Hubbard）

時間表

5h	6h	7h	8h
9h	10h	11h	12h
13h	14h	15h	16h
17h	18h	19h	20h
21h	22h	23h	24h

幸福感：今天感到幸福的原因是什麼？

· ·

第 .... 日：20 .... / .... / ....

3 項優先任務

1 _____ 花費時間

2 _____ ....

3 _____ ....

成功就是屢戰屢敗而越挫越勇。

—— 溫斯頓·邱吉爾（Winston Churchill）

時間表

5h	6h	7h	8h
9h	10h	11h	12h
13h	14h	15h	16h
17h	18h	19h	20h
21h	22h	23h	24h

幸福感：今天感到幸福的原因是什麼？

. . . .

第 .... 日：20 .... / .... / ....

3 項優先任務

花費時間

1 _____ ....
2 _____ ....
3 _____ ....

千里之行，始於足下。

——老子

時間表

5h	6h	7h	8h
9h	10h	11h	12h
13h	14h	15h	16h
17h	18h	19h	20h
21h	22h	23h	24h

幸福感：今天感到幸福的原因是什麼？

. . . .

第 .... 日：20 .... / .... / ....

3 項優先任務

花費時間

1 _____ ....

2 _____ ....

3 _____ ....

要了解可能性的極限，唯一的方法就是往不可能更進一步。

—— 亞瑟 · C · 克拉克（Arthur C. Clarke）

時間表

5h	6h	7h	8h
9h	10h	11h	12h
13h	14h	15h	16h
17h	18h	19h	20h
21h	22h	23h	24h

幸福感：今天感到幸福的原因是什麼？

第_____日：20_____ / _____ / _____

3 項優先任務

花費時間

1 _____ ....

2 _____ ....

3 _____ ....

最困難的是決定要付諸行動，接下來就只是韌性的問題了。
——愛蜜莉亞·艾爾哈特（Amelia Earhart）

時間表

5h	6h	7h	8h
9h	10h	11h	12h
13h	14h	15h	16h
17h	18h	19h	20h
21h	22h	23h	24h

幸福感：今天感到幸福的原因是什麼？

41

第 .... 日：20 .... / .... / ....

3 項優先任務

花費時間

❶ _____ ....

❷ _____ ....

❸ _____ ....

失敗為成功之基石。

——諺語

時間表

5h	6h	7h	8h
9h	10h	11h	12h
13h	14h	15h	16h
17h	18h	19h	20h
21h	22h	23h	24h

幸福感：今天感到幸福的原因是什麼？

....

第 .... 日：20 .... / .... / ....

3 項優先任務

花費時間

1 _____ ....
2 _____ ....
3 _____ ....

如果不冒任何險的話，才是冒更大的險。
——艾麗卡・鍾（Erica Jong）

時間表

5h	6h	7h	8h
9h	10h	11h	12h
13h	14h	15h	16h
17h	18h	19h	20h
21h	22h	23h	24h

幸福感：今天感到幸福的原因是什麼？

....

第 2 週總結

問卷

實踐

這個星期實現了什麼？還有什麼事情待做？

成功

做成了什麼？為什麼？要如何再繼續成功？

困難

碰到困難了嗎？我是如何克服的？

學習

學到什麼了？最讓我印象深刻的是什麼事？

本週最成功的事　　本週最失敗的事

我的進步點數

目標 1 .... /4

目標 2 .... /4

目標 3 .... /4

每筆記錄 .... /7

後援團 * .... /6

總點數 .... /25

* 如果出席俱樂部聚會，或者在網上跟成員交流就可以得分，如果沒有
後援團，你可以給自己的意志打分數。

45

第 3 週

從 ....../...... 到 ....../...... （日期）

S1 ———— S2 ———— S3 ———— S4 →

本週的 3 個優先目標

1 _____

2 _____

3 _____

我的待辦事項清單

重要但不緊急	重要且緊急
....	....
....	....
....	....
....	....
....	....
緊急但不重要	**不緊急也不重要**
....	....
....	....
....	....
....	....

第 3 次俱樂部聚會

俱樂部每週聚會

........../........../..........（日期）..........點　在_____（地點）

....

....

....

....

....

第 3 週準備事項

....的 3 個主要目標是：

① _____

② _____

③ _____

....的 3 個主要目標是：

① _____

② _____

③ _____

我每天早上的例行活動
醒來會做的前 3 件事

晚上的例行活動
睡前會做的 3 件事

本週的想法

第......日：20......./........./........

3 項優先任務

花費時間

1 _____ ....

2 _____ ....

3 _____ ....

> 找到一個好點子就不要放棄，跟著點子走，
> 實踐起來，一直到成功為止。
>
> ——華特・迪士尼（Walt Disney）

時間表

5h	6h	7h	8h
9h	10h	11h	12h
13h	14h	15h	16h
17h	18h	19h	20h
21h	22h	23h	24h

幸福感：今天感到幸福的原因是什麼？

. . . .

第 .... 日：20 .... / .... / ....

3 項優先任務

花費時間

1 _____ ....

2 _____ ....

3 _____ ....

有耐心的人才能得到他們想要的。
—— 富蘭克林（Benjamin Franklin）

時間表

5h	6h	7h	8h
9h	10h	11h	12h
13h	14h	15h	16h
17h	18h	19h	20h
21h	22h	23h	24h

幸福感：今天感到幸福的原因是什麼？

....

第 .... 日：20 .... / .... / ....

3 項優先任務

花費時間

1 _____ ....
2 _____ ....
3 _____ ....

> 我從很早以前就學到，有些事比沒達到目標還糟，
> 那就是沒有採取行動。
>
> ——米亞·哈姆（Mia Hamm）

時間表

5h	6h	7h	8h
9h	10h	11h	12h
13h	14h	15h	16h
17h	18h	19h	20h
21h	22h	23h	24h

幸福感：今天感到幸福的原因是什麼？

· ·

第 ...... 日：20 ...... / ...... / ......

3 項優先任務

花費時間

1 _____ _____

2 _____ _____

3 _____ _____

你可不能像在溜滑梯上頭的小孩一樣沉思不動，你必須滑下來。

——蒂娜·費（Tina Fey）

時間表

5h	6h	7h	8h
9h	10h	11h	12h
13h	14h	15h	16h
17h	18h	19h	20h
21h	22h	23h	24h

幸福感：今天感到幸福的原因是什麼？

....

第 .... 日：20 .... / .... / ....

3 項優先任務

花費時間

① _____ ....

② _____ ....

③ _____ ....

如果你還不能成大事，那就用出色的方式做些小事。

—— 拿破崙・希爾（Napoleon Hill）

時間表

5h	6h	7h	8h
9h	10h	11h	12h
13h	14h	15h	16h
17h	18h	19h	20h
21h	22h	23h	24h

幸福感：今天感到幸福的原因是什麼？

· ·

第 .... 日：20 .... / .... / ....

3 項優先任務

花費時間

1. _____ ....
2. _____ ....
3. _____ ....

卓越並不來自單一的衝動，而是一連串小要素的集合。

—— 梵谷（Vincent Van Gogh）

時間表

5h	6h	7h	8h
9h	10h	11h	12h
13h	14h	15h	16h
17h	18h	19h	20h
21h	22h	23h	24h

幸福感：今天感到幸福的原因是什麼？

第 .... 日：20 .... / .... / ....

3 項優先任務

花費時間

1 _____ ....

2 _____ ....

3 _____

不要因為實現一個夢想所需要的時間而放棄它，時間反正是會流逝的。

——厄爾·南丁格爾（Earl Nightingale）

時間表

5h	6h	7h	8h
9h	10h	11h	12h
13h	14h	15h	16h
17h	18h	19h	20h
21h	22h	23h	24h

幸福感：今天感到幸福的原因是什麼？

第 3 週總結

問卷

實踐

這個星期實現了什麼？還有什麼事情待做？

成功

做成了什麼？為什麼？要如何再繼續成功？

困難

碰到困難了嗎？我是如何克服的？

學習

學到什麼了？最讓我印象深刻的是什麼事？

本週最成功的事　　本週最失敗的事

我的進步點數

目標 1 .... /4

目標 2 .... /4

目標 3 .... /4

每筆記錄 .... /7

後援團 * .... /6

總點數 .... /25

* 如果出席俱樂部聚會，或者在網上跟成員交流就可以得分，如果沒有
後援團，你可以給自己的意志打分數。

第 4 週

S1 ────── S2 ────── S3 ────── S4 ──────▶

本週的 3 個優先目標

1 _____

2 _____

3 _____

我的待辦事項清單

重要但不緊急	重要且緊急
....	....
....	....
....	....
....	....
....	....

緊急但不重要	不緊急也不重要
....	....
....	....
....	....
....	....

第 4 次俱樂部聚會

俱樂部每週聚會

........./........./.........（日期）.........點　在...................................（地點）

第 4 週準備事項

.... 的 3 個主要目標是：

1 _____
2 _____
3 _____

.... 的 3 個主要目標是：

1 _____
2 _____
3 _____

我每天早上的例行活動
醒來會做的前 3 件事

晚上的例行活動
睡前會做的 3 件事

本週的想法

第_____ 日：20_____ / _____ / _____

3 項優先任務

花費時間

1 _____ ....

2 _____ ....

3 _____ ....

> 唯一能對你說「你沒辦法做到」的人是你自己，
> 而且你根本不需要聽。
> —— 潔西卡・恩尼斯（Jessica Ennis）

時間表

5h	6h	7h	8h
9h	10h	11h	12h
13h	14h	15h	16h
17h	18h	19h	20h
21h	22h	23h	24h

幸福感：今天感到幸福的原因是什麼？

. . . .

61

第 _____ 日：20 _____ / _____ / _____

3 項優先任務

花費時間

1 _____ _____

2 _____ _____

3 _____ _____

有些人會想要它實現，另一些人寄望它實現，
還有一些人則會努力讓它實現。

—— 麥可‧喬丹（Michael Jordan）

時間表

5h	6h	7h	8h
9h	10h	11h	12h
13h	14h	15h	16h
17h	18h	19h	20h
21h	22h	23h	24h

幸福感：今天感到幸福的原因是什麼？

第 .... 日：20 .... / .... / ....

3 項優先任務

花費時間

① _____ ....

② _____ ....

③ _____ ....

想要實現遠程目標的人必須小步前進。

—— 索爾・貝婁（Saul Bellow）

時間表

5h	6h	7h	8h
9h	10h	11h	12h
13h	14h	15h	16h
17h	18h	19h	20h
21h	22h	23h	24h

幸福感：今天感到幸福的原因是什麼？

· ·

第 .... 日：20 .... / .... / ....

3 項優先任務

花費時間

1 _____ ....

2 _____ ....

3 _____ ....

失敗只有一種方式，就是在成功之前放棄。

——喬治‧克里蒙梭（Georges Clemenceau）

時間表

5h	6h	7h	8h
9h	10h	11h	12h
13h	14h	15h	16h
17h	18h	19h	20h
21h	22h	23h	24h

幸福感：今天感到幸福的原因是什麼？

第 .... 日：20 .... / .... / ....

3 項優先任務

花費時間

1 _____ ....
2 _____ ....
3 _____ ....

想看到彩虹必先忍受雨水。

——中國諺語

時間表

5h	6h	7h	8h
9h	10h	11h	12h
13h	14h	15h	16h
17h	18h	19h	20h
21h	22h	23h	24h

幸福感：今天感到幸福的原因是什麼？

第 .... 日：20 .... / .... / ....

3 項優先任務

花費時間

1 _____ ....

2 _____ ....

3 _____ ....

必須像不可能失敗一樣去行動。

——邱吉爾

時間表

5h	6h	7h	8h
9h	10h	11h	12h
13h	14h	15h	16h
17h	18h	19h	20h
21h	22h	23h	24h

幸福感：今天感到幸福的原因是什麼？

....

第 ……………… 日：20 ……… / ……… / …………

3 項優先任務

花費時間

1 _____ ………………………

2 _____ ………………………

3 _____ ………………………

永遠不要接受失敗，你距離成功也許只有一步而已。

—— 傑克・艾丁頓（Jack E. Addington）

時間表

5h	6h	7h	8h
9h	10h	11h	12h
13h	14h	15h	16h
17h	18h	19h	20h
21h	22h	23h	24h

幸福感：今天感到幸福的原因是什麼？

· ·

第 4 週總結

問卷

實踐

這個星期實現了什麼？還有什麼事情待做？

· · · · · · · · · ·

· · · · · · · · · ·

· · · · · · · · · ·

· · · · · · · · · ·

成功

做成了什麼？為什麼？要如何再繼續成功？

· · · · · · · · · ·

· · · · · · · · · ·

· · · · · · · · · ·

· · · · · · · · · ·

困難

碰到困難了嗎？我是如何克服的？

· · · · · · · · · ·

· · · · · · · · · ·

· · · · · · · · · ·

· · · · · · · · · ·

學習

學到什麼了？最讓我印象深刻的是什麼事？

· · · · · · · · · ·

· · · · · · · · · ·

· · · · · · · · · ·

· · · · · · · · · ·

本週最成功的事　　本週最失敗的事

我的進步點數

目標 1 .... /4

目標 2 .... /4

目標 3 .... /4

每筆記錄 .... /7

後援團 * .... /6

總點數 .... /25

* 如果出席俱樂部聚會，或者在網上跟成員交流就可以得分，如果沒有
後援團，你可以給自己的意志打分數。

第 1 期總結

第 1 期成績單

把所有進步點數記到圖表上,畫出進步曲線,計算本期的分數。

我的進步總結

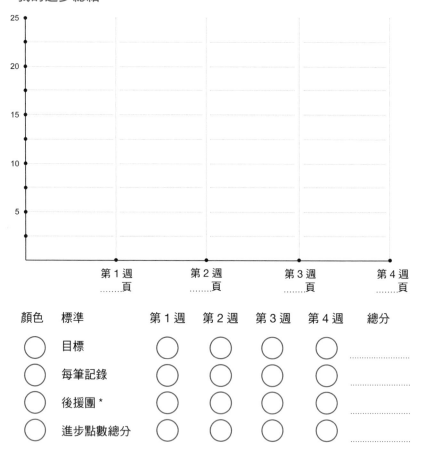

顏色	標準	第 1 週	第 2 週	第 3 週	第 4 週	總分
◯	目標	◯	◯	◯	◯	....
◯	每筆記錄	◯	◯	◯	◯	....
◯	後援團 *	◯	◯	◯	◯	....
◯	進步點數總分	◯	◯	◯	◯	....

*如果你單獨進行,那就不必計算後援團的分數

本期分數(第 1 週+第 2 週+第 3 週+第 4 週)= .... /100

本期團體總結

每個成員都達到目標了嗎？　　　　　　◯ 是 ◯ 否

是否有團體獎勵？　　　　　　　　　　◯ 是 ◯ 否

是否要一同繼續進行下一期？　　　　　◯ 是 ◯ 否

如果是的話，何時開始下一期？　　　日期 20____ / ____ / ____

第 2 期行動

我的目標與動力

在這一期中，我要達到什麼（聰明的）目標？

達成這個目標為什麼對我很重要？

如果我達成目標會有什麼獎勵？

當這個目標達成後，接下來的階段是什麼？

人生太短，不能用來後悔那些沒勇氣嘗試的事。
　　　　　——瑪麗克勞德・布希耶和湯伯雷
　　　　（Marie-Claude Bussières-Tremblay）

我的行動計畫

在下方的計畫表中填入中間目標，但不超過我預估每星期用
來做這件事的時間。

每星期我要在目標上花多少時間： ....

第 1 週

第 2 週

第 3 週

第 4 週

我的 M3 筆記合約

最後我會填寫這份合約，這個合約的象徵意義很高，因為它
代表了對自己的承諾。

本人 .... 承諾最晚在 20 .... / .... / .... 會達到設定的
目標。
我的目標明確、可測量、具有企圖心且符合現實，而且有時
效性，我會仔細地實踐行動計畫。
我很清楚自己的動機，而且只在達成目標的時候獎勵自己。

如果我選擇跟一群夥伴一起實踐，我承諾會認真參加贏家精
神俱樂部的聚會，把握所有機會，保持動力，並在活動期間
鼓勵我的夥伴。

為了成功，我會每天在............... 記錄我的 M3 筆記。

（地點）...................   簽名：
（日期）20 .... / .... / ....

第 1 週

S1 ━━━━ S2 ━━━━ S3 ━━━━ S4 ━━━→

本週的 3 個優先目標

1. _____

2. _____

3. _____

我的待辦事項清單

重要但不緊急

....
....
....
....
....

緊急但不重要

....
....
....
....
....

重要且緊急

....
....
....
....
....

不緊急也不重要

....
....
....
....
....

成立俱樂部

俱樂部每週聚會

........./......./.......（日期）.......點 在 ....（地點）

俱樂部會長   集體獎勵

....

俱樂部成員

姓名：.....................................   目標：.....................................

姓名：.....................................   目標：.....................................

第 1 週準備事項

.... 的 3 個主要目標是：

1 _____

2 _____

3 _____

.... 的 3 個主要目標是：

1 _____

2 _____

3 _____

我每天早上的例行活動
醒來會做的前 3 件事

晚上的例行活動
睡前會做的 3 件事

本週的想法

第 .... 日：20 .... / .... / ....

3 項優先任務

花費時間

① _____ ....
② _____ ....
③ _____ ....

開始如果看起來很微小也沒有關係。
——亨利・大衛・梭羅（Henri David Thoreau）

時間表

5h	6h	7h	8h
9h	10h	11h	12h
13h	14h	15h	16h
17h	18h	19h	20h
21h	22h	23h	24h

幸福感：今天感到幸福的原因是什麼？

....

第 .... 日：20 .... / .... / ....

3 項優先任務

花費時間

1 _____ ....
2 _____ ....
3 _____ ....

當一切看起來都像在跟你作對時，要知道，
飛機是迎風起飛，而不是順風。

—— 亨利．福特（Henry Ford）

時間表

5h	6h	7h	8h
9h	10h	11h	12h
13h	14h	15h	16h
17h	18h	19h	20h
21h	22h	23h	24h

幸福感：今天感到幸福的原因是什麼？

. . . .

第 _____ 日：20 _____ / _____ / _____

3 項優先任務

花費時間

1 _____ ....

2 _____ ....

3 _____ ....

世界上唯一成功可以排在工作之前的地方，叫做字典。

—— 維達・沙宣（Vidal Sassoon）

時間表

5h	6h	7h	8h
9h	10h	11h	12h
13h	14h	15h	16h
17h	18h	19h	20h
21h	22h	23h	24h

幸福感：今天感到幸福的原因是什麼？

. . . .

第..........日：20.......... / .... / ....

3 項優先任務

花費時間

① _____ ....

② _____ ....

③ _____ ....

成功就是跌倒七次，爬起來八次。

—— 日本諺語

時間表

5h	6h	7h	8h
9h	10h	11h	12h
13h	14h	15h	16h
17h	18h	19h	20h
21h	22h	23h	24h

幸福感：今天感到幸福的原因是什麼？

第 ....⬤........ 日：20 .... / .... / ....

3 項優先任務

花費時間

① _____ ....

② _____ ....

③ _____ ....

困難不是用來擊倒人，而是要被擊倒的。
——查爾斯·德·蒙塔倫貝爾（Charles de Montalembert）

時間表

5h	6h	7h	8h
9h	10h	11h	12h
13h	14h	15h	16h
17h	18h	19h	20h
21h	22h	23h	24h

幸福感：今天感到幸福的原因是什麼？

第 _____ 日：20 _____ / _____ / _____

3 項優先任務

花費時間

1. _____ ....

2. _____ ....

3. _____ ....

只要相信能到達，你就已經在半途上了。

——狄奧多·羅斯福（Theodore Roosevelt）

時間表

5h	6h	7h	8h
9h	10h	11h	12h
13h	14h	15h	16h
17h	18h	19h	20h
21h	22h	23h	24h

幸福感：今天感到幸福的原因是什麼？

第 ＿＿＿ 日：20 ＿＿＿ / ＿＿＿ / ＿＿＿

3 項優先任務

花費時間

1 ＿＿＿＿＿＿＿＿＿＿＿＿＿＿＿ ＿＿＿＿＿

2 ＿＿＿＿＿＿＿＿＿＿＿＿＿＿＿ ＿＿＿＿＿

3 ＿＿＿＿＿＿＿＿＿＿＿＿＿＿＿ ＿＿＿＿＿

做一切會使你恐懼的事。

——愛默生（Ralph Waldo Emerson）

時間表

5h	6h	7h	8h
9h	10h	11h	12h
13h	14h	15h	16h
17h	18h	19h	20h
21h	22h	23h	24h

幸福感：今天感到幸福的原因是什麼？

第 1 週總結

問卷

實踐

這個星期實現了什麼？還有什麼事情待做？

成功

做成了什麼？為什麼？要如何再繼續成功？

困難

碰到困難了嗎？我是如何克服的？

學習

學到什麼了？最讓我印象深刻的是什麼事？

本週最成功的事	本週最失敗的事

我的進步點數

目標 1 .... /4

目標 2 .... /4

目標 3 .... /4

每筆記錄 .... /7

後援團 * .... /6

總點數 .... /25

* 如果出席俱樂部聚會，或者在網上跟成員交流就可以得分，如果沒有
後援團，你可以給自己的意志打分數。

第 2 週

S1 ── S2 ── S3 ── S4 ─────▶

本週的 3 個優先目標

1 _____

2 _____

3 _____

我的待辦事項清單

重要但不緊急	重要且緊急
....	....
....	....
....	....
....	....
....	....

緊急但不重要	不緊急也不重要
....	....
....	....
....	....
....	....
....	....

第 2 次俱樂部聚會

俱樂部每週聚會

........./........./........（日期）.......點 在..（地點）

....

....

....

....

....

第 2 週準備事項

.... 的 3 個主要目標是：

1 _____

2 _____

3 _____

.... 的 3 個主要目標是：

1 _____

2 _____

3 _____

我每天早上的例行活動
醒來會做的前 3 件事

晚上的例行活動
睡前會做的 3 件事

本週的想法

第 .... 日：20 .... / .... / ....

3 項優先任務

花費時間

1 _____ ....
2 _____ ....
3 _____ ....

想要更新目標或者實現夢想，你永遠都不會太老。
——C・S・路易斯（C. S. Lewis）

時間表

5h	6h	7h	8h
9h	10h	11h	12h
13h	14h	15h	16h
17h	18h	19h	20h
21h	22h	23h	24h

幸福感：今天感到幸福的原因是什麼？

. . . .

第 ⬤ 日：20 ...... / ...... / ......

3 項優先任務

花費時間

① _____ ....

② _____ ....

③ _____ ....

沒有任何一件事可以在孤獨中完成。

——畢卡索（Pablo Picasso）

時間表

5h	6h	7h	8h
9h	10h	11h	12h
13h	14h	15h	16h
17h	18h	19h	20h
21h	22h	23h	24h

幸福感：今天感到幸福的原因是什麼？

第.............日：20............ / .... / ....

3 項優先任務

花費時間

1 _____ ....

2 _____ ....

3 _____ ....

我可以接受失敗，所有人都可能會失敗，但不去嘗試我無法接受。

—— 麥可·喬丹

時間表

5h	6h	7h	8h
9h	10h	11h	12h
13h	14h	15h	16h
17h	18h	19h	20h
21h	22h	23h	24h

幸福感：今天感到幸福的原因是什麼？

· ·

第 ....日：20 .... / .... / ....

3 項優先任務

1 _____ 花費時間

2 _____ ....

3 _____ ....

_____ ....

成功的主要關鍵在於行動。

——畢卡索

時間表

5h	6h	7h	8h
9h	10h	11h	12h
13h	14h	15h	16h
17h	18h	19h	20h
21h	22h	23h	24h

幸福感：今天感到幸福的原因是什麼？

. . . .

第............日：20.......... / .... / ....

3 項優先任務

花費時間

1 _____ ....

2 _____ ....

3 _____ ....

成功就是在失敗與失敗之間遊走，卻仍然維持動力。

——邱吉爾

時間表

5h	6h	7h	8h
9h	10h	11h	12h
13h	14h	15h	16h
17h	18h	19h	20h
21h	22h	23h	24h

幸福感：今天感到幸福的原因是什麼？

. . . .

第 ....日：20 .... / .... / ....

3 項優先任務

花費時間

1 _____ ....
2 _____ ....
3 _____ ....

當機會碰上準備以後，成功就一定會來臨。
——愛因斯坦（Albert Einstein）

時間表

5h	6h	7h	8h
9h	10h	11h	12h
13h	14h	15h	16h
17h	18h	19h	20h
21h	22h	23h	24h

幸福感：今天感到幸福的原因是什麼？

....

第 .... 日：20 .... / .... / ....

3 項優先任務

花費時間

1 _____ ....

2 _____ ....

3 _____ ....

心態決定行動，行動決定結果，而結果則決定生活方式。

——吉姆·羅恩（Jim Rohn）

時間表

5h	6h	7h	8h
9h	10h	11h	12h
13h	14h	15h	16h
17h	18h	19h	20h
21h	22h	23h	24h

幸福感：今天感到幸福的原因是什麼？

....

第 2 週總結

問卷

實踐

這個星期實現了什麼？還有什麼事情待做？

. . . .

. . . .

. . . .

成功

做成了什麼？為什麼？要如何再繼續成功？

. . . .

. . . .

. . . .

困難

碰到困難了嗎？我是如何克服的？

. . . .

. . . .

. . . .

學習

學到什麼了？最讓我印象深刻的是什麼事？

. . . .

. . . .

. . . .

本週最成功的事　　　本週最失敗的事

我的進步點數

目標 1 .... /4

目標 2 .... /4

目標 3 .... /4

每筆記錄 .... /7

後援團 * .... /6

總點數 .... /25

* 如果出席俱樂部聚會，或者在網上跟成員交流就可以得分，如果沒有後援團，你可以給自己的意志打分數。

第 3 週

從 ＿＿ / ＿＿ 到 ＿＿ / ＿＿（日期）

S1 ——— S2 ——— S3 ——— S4 →

本週的 3 個優先目標

1. ＿＿＿＿＿＿＿＿＿＿＿＿＿＿＿＿＿＿＿＿＿＿＿＿＿＿＿＿

2. ＿＿＿＿＿＿＿＿＿＿＿＿＿＿＿＿＿＿＿＿＿＿＿＿＿＿＿＿

3. ＿＿＿＿＿＿＿＿＿＿＿＿＿＿＿＿＿＿＿＿＿＿＿＿＿＿＿＿

我的待辦事項清單

重要但不緊急	重要且緊急

緊急但不重要	不緊急也不重要

第 3 次俱樂部聚會

俱樂部每週聚會

........./........./.........（日期）........點 在...（地點）

....

....

....

....

....

第 3 週準備事項

....　　的 3 個主要目標是：

1 _____

2 _____

3 _____

....　　的 3 個主要目標是：

1 _____

2 _____

3 _____

我每天早上的例行活動
醒來會做的前 3 件事

晚上的例行活動
睡前會做的 3 件事

本週的想法

第 .... 日：20 .... / .... / ....

3 項優先任務

花費時間

1 _____ ....

2 _____ ....

3 _____ ....

不要去想失敗，要想著如果不去嘗試的話會錯失哪些機會。
—— 傑克・坎菲爾德（Jack Canfield）

時間表

5h	6h	7h	8h
9h	10h	11h	12h
13h	14h	15h	16h
17h	18h	19h	20h
21h	22h	23h	24h

幸福感：今天感到幸福的原因是什麼？

. . . .

第 _____ 日：20 _____ / _____ / _____

3 項優先任務

花費時間

1 _____ ....

2 _____ ....

3 _____ ....

在人生中，我們只會後悔那些沒做的事。

——尚·考克多（Jean Cocteau）

時間表

5h	6h	7h	8h
9h	10h	11h	12h
13h	14h	15h	16h
17h	18h	19h	20h
21h	22h	23h	24h

幸福感：今天感到幸福的原因是什麼？

....

第 ....日：20 .... / .... / ....

3 項優先任務

花費時間

1 _____ ....

2 _____ ....

3 _____ ....

> 贏的慾望很重要，但更重要的是準備自己的意願。
> ——穆罕默德·阿里（Mohamed Ali）

時間表

5h	6h	7h	8h
9h	10h	11h	12h
13h	14h	15h	16h
17h	18h	19h	20h
21h	22h	23h	24h

幸福感：今天感到幸福的原因是什麼？

· ·

第 .... 日：20 .... / .... / ....

3 項優先任務

花費時間

① _____ ....

② _____ ....

③ _____ ....

往前走的螞蟻比睡眠中的牛更有進度。

——老子

時間表

5h	6h	7h	8h
9h	10h	11h	12h
13h	14h	15h	16h
17h	18h	19h	20h
21h	22h	23h	24h

幸福感：今天感到幸福的原因是什麼？

第 .... 日：20 .... / .... / ....

3 項優先任務

花費時間

1 _____ ....

2 _____ ....

3 _____ ....

一個點子要是沒能實踐的話就沒有任何價值。

——愛迪生（Thomas Edison）

時間表

5h	6h	7h	8h
9h	10h	11h	12h
13h	14h	15h	16h
17h	18h	19h	20h
21h	22h	23h	24h

幸福感：今天感到幸福的原因是什麼？

第 .... 日：20 .... / .... / ....

3 項優先任務

花費時間

1 _____ ....

2 _____ ....

3 _____ ....

阻止實現夢想的不是我們本身，而是我們對自己的否定。
——保羅—埃米勒·維克多（Paul-Émile Victor）

時間表

5h	6h	7h	8h
9h	10h	11h	12h
13h	14h	15h	16h
17h	18h	19h	20h
21h	22h	23h	24h

幸福感：今天感到幸福的原因是什麼？

. . . .

第 .... 日：20 .... / .... / ....

3 項優先任務

花費時間

1 _____ ....

2 _____ ....

3 _____ ....

今天的懷疑才是我們明天幸福的唯一阻礙。
——富蘭克林・羅斯福（Franklin Roosevelt）

時間表

5h	6h	7h	8h
9h	10h	11h	12h
13h	14h	15h	16h
17h	18h	19h	20h
21h	22h	23h	24h

幸福感：今天感到幸福的原因是什麼？

· ·

113

第 3 週總結

問卷

實踐

這個星期實現了什麼？還有什麼事情待做？

. . . .

. . . .

. . . .

成功

做成了什麼？為什麼？要如何再繼續成功？

. . . .

. . . .

. . . .

困難

碰到困難了嗎？我是如何克服的？

. . . .

. . . .

. . . .

學習

學到什麼了？最讓我印象深刻的是什麼事？

. . . .

. . . .

. . . .

本週最成功的事　　本週最失敗的事

我的進步點數

目標 1 .... /4

目標 2 .... /4

目標 3 .... /4

每筆記錄 .... /7

後援團 * .... /6

總點數 .... /25

*如果出席俱樂部聚會，或者在網上跟成員交流就可以得分，如果沒有
後援團，你可以給自己的意志打分數。

115

第 4 週

從......./........到......./........（日期）

S1　　S2　　S3　　S4

本週的 3 個優先目標

① _____

② _____

③ _____

我的待辦事項清單

重要但不緊急	重要且緊急
....	....
....	....
....	....
....	....
....	....

緊急但不重要	不緊急也不重要
....	....
....	....
....	....
....	....

第 4 次俱樂部聚會

俱樂部每週聚會

.... ／ .... ／ ....（日期）........點 在 ....（地點）

第 4 週準備事項

的 3 個主要目標是：

1 _____
2 _____
3 _____

的 3 個主要目標是：

1 _____
2 _____
3 _____

我每天早上的例行活動
醒來會做的前 3 件事

晚上的例行活動
睡前會做的 3 件事

本週的想法

第 .... 日：20 .... / .... / ....

3 項優先任務

花費時間

1. _____ ....

2. _____ ....

3. _____ ....

要記得，跟你生死相伴的人只有你自己！
所以無論做什麼都要精神奕奕。

——畢卡索

時間表

5h	6h	7h	8h
9h	10h	11h	12h
13h	14h	15h	16h
17h	18h	19h	20h
21h	22h	23h	24h

幸福感：今天感到幸福的原因是什麼？

119

第 ⬤ 日：20 .... / .... / ....

3 項優先任務

花費時間

1 _____ ....

2 _____ ....

3 _____ ....

想做事的人就會找到方法，不想做的人則會找藉口。
——阿拉伯諺語

時間表

5h	6h	7h	8h
9h	10h	11h	12h
13h	14h	15h	16h
17h	18h	19h	20h
21h	22h	23h	24h

幸福感：今天感到幸福的原因是什麼？

· ·

第 .... 日：20 .... / .... / ....

3 項優先任務

花費時間

1 _____ ....

2 _____ ....

3 _____ ....

想要變成本來可以成為的樣子永遠都不會太晚。
——喬治·艾略特（Georges Eliot）

時間表

5h	6h	7h	8h
9h	10h	11h	12h
13h	14h	15h	16h
17h	18h	19h	20h
21h	22h	23h	24h

幸福感：今天感到幸福的原因是什麼？

第........日：20........ / .... / ....

3 項優先任務

花費時間

1 _____ ....

2 _____ ....

3 _____ ....

玉不琢，不成器。人不學，不知義。

——孔子

時間表

5h	6h	7h	8h
9h	10h	11h	12h
13h	14h	15h	16h
17h	18h	19h	20h
21h	22h	23h	24h

幸福感：今天感到幸福的原因是什麼？

第 .... 日：20 .... / .... / ....

3 項優先任務

花費時間

1 _____ ....

2 _____ ....

3 _____ ....

沒有計畫的目標叫做心願。

——聖修伯里

時間表

5h	6h	7h	8h
9h	10h	11h	12h
13h	14h	15h	16h
17h	18h	19h	20h
21h	22h	23h	24h

幸福感：今天感到幸福的原因是什麼？

. . . .

第_____日：20_____ / _____ / _____

3 項優先任務

花費時間

1 _____ ....

2 _____ ....

3 _____ ....

如果想要得到從來沒擁有過的東西，
那就要嘗試一些從來沒做過的事。
—— 伯里克里斯（Périclès）

時間表

5h	6h	7h	8h
9h	10h	11h	12h
13h	14h	15h	16h
17h	18h	19h	20h
21h	22h	23h	24h

幸福感：今天感到幸福的原因是什麼？

第 _____ 日：20 _____ / _____ / _____

3 項優先任務

花費時間

1 _____ _____

2 _____ _____

3 _____ _____

重點不在你用了多少時間去做，而在於你花了多少精力。

—— 丹·米爾曼（Dan Millman）

時間表

5h	6h	7h	8h
9h	10h	11h	12h
13h	14h	15h	16h
17h	18h	19h	20h
21h	22h	23h	24h

幸福感：今天感到幸福的原因是什麼？

第 4 週總結

問卷

實踐

這個星期實現了什麼？還有什麼事情待做？

成功

做成了什麼？為什麼？要如何再繼續成功？

困難

碰到困難了嗎？我是如何克服的？

學習

學到什麼了？最讓我印象深刻的是什麼事？

本週最成功的事　　本週最失敗的事

我的進步點數

目標 1 .... /4

目標 2 .... /4

目標 3 .... /4

每筆記錄 .... /7

後援團 * .... /6

總點數 .... /25

* 如果出席俱樂部聚會，或者在網上跟成員交流就可以得分，如果沒有
後援團，你可以給自己的意志打分數。

127

第 2 期總結

第 2 期成績單

把所有進步點數記到圖表上，畫出進步曲線，計算本期的分數。

我的進步總結

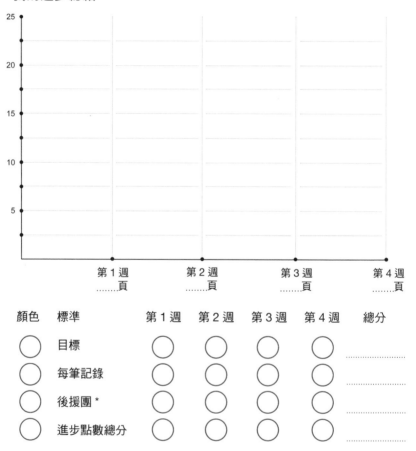

顏色	標準	第 1 週	第 2 週	第 3 週	第 4 週	總分
◯	目標	◯	◯	◯	◯	
◯	每筆記錄	◯	◯	◯	◯	
◯	後援團 *	◯	◯	◯	◯	
◯	進步點數總分	◯	◯	◯	◯	

＊如果你單獨進行，那就不必計算後援團的分數

本期分數（第 1 週＋第 2 週＋第 3 週＋第 4 週）＝ .... /100

本期團體總結

每個成員都達到目標了嗎？ ◯ 是 ◯ 否

是否有團體獎勵？ ◯ 是 ◯ 否

是否要一同繼續進行下一期？ ◯ 是 ◯ 否

如果是的話，何時開始下一期？ 日期 20...... / ...... / ......

第 3 期行動

我的目標與動力

在這一期中,我要達到什麼(聰明的)目標?

. . . .

. . . .

. . . .

達成這個目標為什麼對我很重要?

. . . .

. . . .

. . . .

. . . .

如果我達成目標會有什麼獎勵?

. . . .

. . . .

. . . .

. . . .

當這個目標達成後,接下來的階段是什麼?

. . . .

. . . .

. . . .

. . . .

當我們走上這條叫做晚一點的道路之後，
就會到達一個叫做永不的廣場。
　　　　　　——塞內卡（Sénèque）

我的行動計畫

在下方的計畫表中填入中間目標,但不超過我預估每星期用來做這件事的時間。

每星期我要在目標上花多少時間: ....

第 1 週

第 2 週

第 3 週

第 4 週

我的 M3 筆記合約

最後我會填寫這份合約，這個合約的象徵意義很高，因為它
代表了對自己的承諾。

本人 .... 承諾最晚在 20 .... / .... / .... 會達到設定的
目標。
我的目標明確、可測量、具有企圖心且符合現實，而且有時
效性，我會仔細地實踐行動計畫。
我很清楚自己的動機，而且只在達成目標的時候獎勵自己。

如果我選擇跟一群夥伴一起實踐，我承諾會認真參加贏家精
神俱樂部的聚會，把握所有機會，保持動力，並在活動期間
鼓勵我的夥伴。

為了成功，我會每天在 .... 記錄我的 M3 筆記。

（地點）..............................　　　簽名：
（日期）20 .... / .... /.........

第 1 週   從 ...... / ...... 到 ...... / ......（日期）

S1 ──── S2 ──────── S3 ──────── S4 ➤

本週的 3 個優先目標

1 _____

2 _____

3 _____

我的待辦事項清單

重要但不緊急	重要且緊急
....	....
....	....
....	....
....	....
....	....

緊急但不重要	不緊急也不重要
....	....
....	....
....	....
....	....

成立俱樂部

俱樂部每週聚會

.... / .... / ....（日期）........點 在 _____（地點）

俱樂部會長　　　　　　　　集體獎勵

....　　.................................

俱樂部成員

姓名： ....　　目標： ....

姓名： ....　　目標： ....

第 1 週準備事項

.... 的 3 個主要目標是：

1 _____
2 _____
3 _____

.... 的 3 個主要目標是：

1 _____
2 _____
3 _____

我每天早上的例行活動
醒來會做的前 3 件事

晚上的例行活動
睡前會做的 3 件事

本週的想法

第 .... 日：20 .... / .... / ....

3 項優先任務

花費時間

1 _____ ....

2 _____ ....

3 _____ ....

沒有任何成功是簡單的，也沒有什麼失敗是永遠的。

——普魯斯特

時間表

5h	6h	7h	8h
9h	10h	11h	12h
13h	14h	15h	16h
17h	18h	19h	20h
21h	22h	23h	24h

幸福感：今天感到幸福的原因是什麼？

141

第 .... 日：20 .... / .... / ....

3 項優先任務

花費時間

1 _____ ....

2 _____ ....

3 _____ ....

不是因為事情困難我們才不敢做，
而是因為我們不敢做事情才會變得困難。

——塞內卡

時間表

5h	6h	7h	8h
9h	10h	11h	12h
13h	14h	15h	16h
17h	18h	19h	20h
21h	22h	23h	24h

幸福感：今天感到幸福的原因是什麼？

第 ____ 日：20 ____ / ____ / ____

3 項優先任務

花費時間

1 _____ ....

2 _____ ....

3 _____ ....

一個人可能犯的最大錯誤，就是害怕犯錯。
—— 阿爾伯特・哈伯德（Elbert Hubbard）

時間表

5h	6h	7h	8h
9h	10h	11h	12h
13h	14h	15h	16h
17h	18h	19h	20h
21h	22h	23h	24h

幸福感：今天感到幸福的原因是什麼？

. . . .

143

第 ⬤⋯⋯⋯ 日：20⋯⋯⋯ / ⋯⋯⋯ / ⋯⋯⋯

3 項優先任務

花費時間

1 ⋯⋯⋯⋯⋯⋯⋯⋯⋯⋯⋯⋯⋯⋯⋯⋯⋯⋯⋯   ⋯⋯⋯⋯⋯⋯⋯

2 ⋯⋯⋯⋯⋯⋯⋯⋯⋯⋯⋯⋯⋯⋯⋯⋯⋯⋯⋯   ⋯⋯⋯⋯⋯⋯⋯

3 ⋯⋯⋯⋯⋯⋯⋯⋯⋯⋯⋯⋯⋯⋯⋯⋯⋯⋯⋯   ⋯⋯⋯⋯⋯⋯⋯

如果你還不能成大事，那就用出色的方式做些小事。

——拿破崙・希爾（Napoleon Hill）

時間表

5h	6h	7h	8h
9h	10h	11h	12h
13h	14h	15h	16h
17h	18h	19h	20h
21h	22h	23h	24h

幸福感：今天感到幸福的原因是什麼？

⋯⋯⋯⋯⋯⋯⋯⋯⋯⋯⋯⋯⋯⋯⋯⋯⋯⋯⋯⋯⋯⋯⋯⋯⋯⋯⋯

第 .... 日 ：20 .... / .... / ....

3 項優先任務

花費時間

1 _____ ....
2 _____ ....
3 _____ ....

找到一個好點子就不要放棄，跟著點子走，
實踐起來，一直到成功為止。

—— 華特・迪士尼（Walt Disney）

時間表

5h	6h	7h	8h
9h	10h	11h	12h
13h	14h	15h	16h
17h	18h	19h	20h
21h	22h	23h	24h

幸福感：今天感到幸福的原因是什麼？

第 ⬤ 日：20 .... / .... / ....

3項優先任務

① _____

② _____

③ _____

花費時間

....

....

....

毅力就是把不可能變成或許，把或許變成可能，
再把可能變成一定會成功。
—— 列夫・托洛斯基（Léon Trotsky）

時間表

5h	6h	7h	8h
9h	10h	11h	12h
13h	14h	15h	16h
17h	18h	19h	20h
21h	22h	23h	24h

幸福感：今天感到幸福的原因是什麼？

· ·

第 .... 日：20 .... / .... /

3 項優先任務

花費時間

1 _____ ....
2 _____ ....
3 _____ ....

最困難的是決定要付諸行動，接下來就只是韌性的問題了。
——愛蜜莉亞·艾爾哈特（Amelia Earhart）

時間表

5h	6h	7h	8h
9h	10h	11h	12h
13h	14h	15h	16h
17h	18h	19h	20h
21h	22h	23h	24h

幸福感：今天感到幸福的原因是什麼？

· ·

147

第 1 週總結

問卷

實踐
這個星期實現了什麼？還有什麼事情待做？

成功
做成了什麼？為什麼？要如何再繼續成功？

困難
碰到困難了嗎？我是如何克服的？

學習
學到什麼了？最讓我印象深刻的是什麼事？

本週最成功的事　　　本週最失敗的事

我的進步點數

目標 1 .... /4

目標 2 .... /4

目標 3 .... /4

每筆記錄 .... /7

後援團 * .... /6

總點數 .... /25

* 如果出席俱樂部聚會，或者在網上跟成員交流就可以得分，如果沒有
後援團，你可以給自己的意志打分數。

第 2 週

從 ____ / ____ 到 ____ / ____ （日期）

S1 —— S2 —— S3 —— S4 →

本週的 3 個優先目標

1 _____

2 _____

3 _____

我的待辦事項清單

重要但不緊急
....
....
....
....
....

重要且緊急
....
....
....
....
....

緊急但不重要
....
....
....
....

不緊急也不重要
....
....
....
....

第 2 次俱樂部聚會

俱樂部每週聚會

........./........./........（日期）........點 在................................（地點）

....

....

....

....

....

第 2 週準備事項

....的 3 個主要目標是：

1 _____

2 _____

3 _____

....的 3 個主要目標是：

1 _____

2 _____

3 _____

我每天早上的例行活動
醒來會做的前 3 件事

晚上的例行活動
睡前會做的 3 件事

本週的想法

第 .... 日：20 .... / ...... / ......

3 項優先任務

花費時間

1 _____ ....
2 _____ ....
3 _____ ....

> 我從很早以前就學到，有些事比沒達到目標還糟，
> 那就是沒有採取行動。
> —— 米亞·哈姆（Mia Hamm）

時間表

5h	6h	7h	8h
9h	10h	11h	12h
13h	14h	15h	16h
17h	18h	19h	20h
21h	22h	23h	24h

幸福感：今天感到幸福的原因是什麼？

第 .... 日：20 .... / .... / ....

3 項優先任務

花費時間

1 _____ ....
2 _____ ....
3 _____ ....

成功就是屢戰屢敗而越挫越勇。

—— 溫斯頓・邱吉爾（Winston Churchill）

時間表

5h	6h	7h	8h
9h	10h	11h	12h
13h	14h	15h	16h
17h	18h	19h	20h
21h	22h	23h	24h

幸福感：今天感到幸福的原因是什麼？

. . . .

第 .... 日：20 .... / .... / ....

3 項優先任務

花費時間

1 _____ ....

2 _____ ....

3 _____ ....

> 卓越並不來自單一的衝動，而是一連串小要素的集合。
>
> ——梵谷（Vincent Van Gogh）

時間表

5h	6h	7h	8h
9h	10h	11h	12h
13h	14h	15h	16h
17h	18h	19h	20h
21h	22h	23h	24h

幸福感：今天感到幸福的原因是什麼？

第 ...... 日：20 ...... / ...... / ......

3 項優先任務

花費時間

1 _____ ......

2 _____ ......

3 _____ ......

失敗只有一種方式，就是在成功之前放棄。
——喬治‧克里蒙梭（Georges Clemenceau）

時間表

5h	6h	7h	8h
9h	10h	11h	12h
13h	14h	15h	16h
17h	18h	19h	20h
21h	22h	23h	24h

幸福感：今天感到幸福的原因是什麼？

....

第 _____ 日：20 _____ / _____ / _____

3 項優先任務

花費時間

1 _____ _____
2 _____ _____
3 _____ _____

要了解可能性的極限，唯一的方法就是往不可能更進一步。

—— 亞瑟・C・克拉克（Arthur C. Clarke）

時間表

5h	6h	7h	8h
9h	10h	11h	12h
13h	14h	15h	16h
17h	18h	19h	20h
21h	22h	23h	24h

幸福感：今天感到幸福的原因是什麼？

第.........日：20.........／.........／.........

3 項優先任務

花費時間

① _____ ....

② _____ ....

③ _____ ....

必須像不可能失敗一樣去行動。

——邱吉爾

時間表

5h	6h	7h	8h
9h	10h	11h	12h
13h	14h	15h	16h
17h	18h	19h	20h
21h	22h	23h	24h

幸福感：今天感到幸福的原因是什麼？

第 .... 日：20 .... / .... / ....

3 項優先任務

花費時間

1 _____ ....
2 _____ ....
3 _____ ....

當一切看起來都像在跟你作對時，
要知道，飛機是迎風起飛，而不是順風。
—— 亨利 · 福特（Henry Ford）

時間表

5h	6h	7h	8h
9h	10h	11h	12h
13h	14h	15h	16h
17h	18h	19h	20h
21h	22h	23h	24h

幸福感：今天感到幸福的原因是什麼？

. . . .

第 2 週總結

問卷

實踐

這個星期實現了什麼？還有什麼事情待做？

成功

做成了什麼？為什麼？要如何再繼續成功？

困難

碰到困難了嗎？我是如何克服的？

學習

學到什麼了？最讓我印象深刻的是什麼事？

本週最成功的事　　　　本週最失敗的事

我的進步點數

目標 1 .... /4

目標 2 .... /4

目標 3 .... /4

每筆記錄 .... /7

後援團 * .... /6

總點數 .... /25

* 如果出席俱樂部聚會，或者在網上跟成員交流就可以得分，如果沒有
後援團，你可以給自己的意志打分數。

161

第 3 週

從......../........到......../........（日期）

S1 ──── S2 ──── S3 ──── S4 →

本週的 3 個優先目標

1 _____

2 _____

3 _____

我的待辦事項清單

重要但不緊急	重要且緊急
....	....
....	....
....	....
....	....
....	....

緊急但不重要	不緊急也不重要
....	....
....	....
....	....
....	....

第 3 次俱樂部聚會

俱樂部每週聚會

.... / .... / ....（日期）.......... 點 在 ....（地點）

....

....

....

....

....

第 3 週準備事項

.... 的 3 個主要目標是：

1 _____

2 _____

3 _____

.... 的 3 個主要目標是：

1 _____

2 _____

3 _____

我每天早上的例行活動
醒來會做的前 3 件事

晚上的例行活動
睡前會做的 3 件事

本週的想法

第 .... 日：20 .... / .... / ....

3 項優先任務

花費時間

1 _____ ....

2 _____ ....

3 _____ ....

不要因為實現一個夢想所需要的時間而放棄它，時間反正是會流逝的。
——厄爾‧南丁格爾（Earl Nightingale）

時間表

5h	6h	7h	8h
9h	10h	11h	12h
13h	14h	15h	16h
17h	18h	19h	20h
21h	22h	23h	24h

幸福感：今天感到幸福的原因是什麼？

. . . .

第 _____ 日：20 _____ / _____ / _____

3 項優先任務

花費時間

1 _____ ....
2 _____ ....
3 _____ ....

如果不冒任何險的話，才是冒更大的險。

──艾麗卡‧鍾（Erica Jong）

時間表

5h	6h	7h	8h
9h	10h	11h	12h
13h	14h	15h	16h
17h	18h	19h	20h
21h	22h	23h	24h

幸福感：今天感到幸福的原因是什麼？

第........日：20.........／.........／.........

3 項優先任務

花費時間

1 _____ ....

2 _____ ....

3 _____ ....

人生太短，不能用來後悔那些沒勇氣嘗試的事。
——瑪麗克勞德·布希耶和湯伯雷
（Marie-Claude Bussières-Tremblay）

時間表

5h	6h	7h	8h
9h	10h	11h	12h
13h	14h	15h	16h
17h	18h	19h	20h
21h	22h	23h	24h

幸福感：今天感到幸福的原因是什麼？

· ·

第 .... 日：20 .... / .... / ....

3 項優先任務

花費時間

① _____ ....

② _____ ....

③ _____ ....

預知未來最好的方法，就是去創造它。

——彼得‧杜拉克

時間表

5h	6h	7h	8h
9h	10h	11h	12h
13h	14h	15h	16h
17h	18h	19h	20h
21h	22h	23h	24h

幸福感：今天感到幸福的原因是什麼？

....

第 .... 日：20 .... / .... / ....

3 項優先任務

花費時間

① _____ ....

② _____ ....

③ _____ ....

唯一能對你說「你沒辦法做到」的人是你自己，而且你根本不需要聽。
——潔西卡·恩尼斯（Jessica Ennis）

時間表

5h	6h	7h	8h
9h	10h	11h	12h
13h	14h	15h	16h
17h	18h	19h	20h
21h	22h	23h	24h

幸福感：今天感到幸福的原因是什麼？

....

第 _____ 日：20 _____ / _____ / _____

3 項優先任務

花費時間

1 _____ ....

2 _____ ....

3 _____ ....

困難不是用來擊倒人，而是要被擊倒的。
——查爾斯・德・蒙塔倫貝爾（Charles de Montalembert）

時間表

5h	6h	7h	8h
9h	10h	11h	12h
13h	14h	15h	16h
17h	18h	19h	20h
21h	22h	23h	24h

幸福感：今天感到幸福的原因是什麼？

....

第 ....日：20 .... / .... / ....

3 項優先任務

花費時間

① _____ ....

② _____ ....

③ _____ ....

失敗為成功之基石。

——諺語

時間表

5h	6h	7h	8h
9h	10h	11h	12h
13h	14h	15h	16h
17h	18h	19h	20h
21h	22h	23h	24h

幸福感：今天感到幸福的原因是什麼？

第 3 週總結

問卷

實踐

這個星期實現了什麼？還有什麼事情待做？

成功

做成了什麼？為什麼？要如何再繼續成功？

困難

碰到困難了嗎？我是如何克服的？

學習

學到什麼了？最讓我印象深刻的是什麼事？

本週最成功的事	本週最失敗的事

我的進步點數

目標 1 .... /4

目標 2 .... /4

目標 3 .... /4

每筆記錄 .... /7

後援團 * .... /6

總點數 .... /25

* 如果出席俱樂部聚會,或者在網上跟成員交流就可以得分,如果沒有後援團,你可以給自己的意志打分數。

第 4 週 從 ..... / ..... 到 ..... / .....（日期）

S1   S2   S3   S4 →

本週的 3 個優先目標

1 _____

2 _____

3 _____

我的待辦事項清單

重要但不緊急   重要且緊急

....
....
....
....
....
_____ _____

緊急但不重要   不緊急也不重要

....
....
....
....
_____ _____

第 4 次俱樂部聚會

俱樂部每週聚會

.........../........./........（日期）..........點　在..（地點）

第 4 週準備事項

....的 3 個主要目標是：

1 _____

2 _____

3 _____

....的 3 個主要目標是：

1 _____

2 _____

3 _____

我每天早上的例行活動
醒來會做的前 3 件事

晚上的例行活動
睡前會做的 3 件事

本週的想法

第 .... 日：20 .... / .... / ....

3 項優先任務

花費時間

1 _____ ....

2 _____ ....

3 _____ ....

只要有意願，我們就能做到。

—— 普魯斯特（Marcel Proust）

時間表

5h	6h	7h	8h
9h	10h	11h	12h
13h	14h	15h	16h
17h	18h	19h	20h
21h	22h	23h	24h

幸福感：今天感到幸福的原因是什麼？

第＿＿＿日：20＿＿ / ＿＿ / ＿＿

3 項優先任務

花費時間

1 ＿＿＿＿＿＿＿＿＿＿＿＿＿＿＿ ＿＿＿＿＿＿＿

2 ＿＿＿＿＿＿＿＿＿＿＿＿＿＿＿ ＿＿＿＿＿＿＿

3 ＿＿＿＿＿＿＿＿＿＿＿＿＿＿＿ ＿＿＿＿＿＿＿

你可不能像在溜滑梯上頭的小孩一樣沉思不動，你必須滑下來。
——蒂娜・費（Tina Fey）

時間表

5h	6h	7h	8h
9h	10h	11h	12h
13h	14h	15h	16h
17h	18h	19h	20h
21h	22h	23h	24h

幸福感：今天感到幸福的原因是什麼？

178

第 .... 日：20 .... / .... / ....

3 項優先任務

花費時間

① _____   ....

② _____   ....

③ _____   ....

有耐心的人才能得到他們想要的。
—— 富蘭克林（Benjamin Franklin）

時間表

5h	6h	7h	8h
9h	10h	11h	12h
13h	14h	15h	16h
17h	18h	19h	20h
21h	22h	23h	24h

幸福感：今天感到幸福的原因是什麼？

....

第 _____ 日：20 _____ / _____ / _____

3 項優先任務

花費時間

1 _____ ....

2 _____ ....

3 _____ ....

想要成功就記住這三句格言：見識即是知識，
意志即是力量，敢於就會擁有。

—— 繆塞（Alfred Musset）

時間表

5h	6h	7h	8h

9h	10h	11h	12h

13h	14h	15h	16h

17h	18h	19h	20h

21h	22h	23h	24h

幸福感：今天感到幸福的原因是什麼？

. . . .

第 .... 日：20 .... / .... / ....

3 項優先任務

花費時間

1 _____ ....

2 _____ ....

3 _____ ....

千里之行，始於足下。

——老子

時間表

5h	6h	7h	8h
9h	10h	11h	12h
13h	14h	15h	16h
17h	18h	19h	20h
21h	22h	23h	24h

幸福感：今天感到幸福的原因是什麼？

. . . .

第 .... 日：20 .... / .... / ....

3 項優先任務

花費時間

1 _____ ....

2 _____ ....

3 _____ ....

有些人會想要它實現，另一些人寄望它實現，
還有一些人則會努力讓它實現。

——麥可・喬丹（Michael Jordan）

時間表

5h	6h	7h	8h
9h	10h	11h	12h
13h	14h	15h	16h
17h	18h	19h	20h
21h	22h	23h	24h

幸福感：今天感到幸福的原因是什麼？

· ·

第 .... 日：20 .... / .... / ....

3 項優先任務

花費時間

1 _____ ....

2 _____ ....

3 _____ ....

在人生中，我們只會後悔那些沒做的事。
——尚·考克多（Jean Cocteau）

時間表

5h	6h	7h	8h
9h	10h	11h	12h
13h	14h	15h	16h
17h	18h	19h	20h
21h	22h	23h	24h

幸福感：今天感到幸福的原因是什麼？

第 4 週總結

問卷

實踐

這個星期實現了什麼？還有什麼事情待做？

. . . .

. . . .

. . . .

成功

做成了什麼？為什麼？要如何再繼續成功？

. . . .

. . . .

. . . .

困難

碰到困難了嗎？我是如何克服的？

. . . .

. . . .

. . . .

學習

學到什麼了？最讓我印象深刻的是什麼事？

. . . .

. . . .

. . . .

本週最成功的事　　本週最失敗的事

我的進步點數

目標 1 .... ⬤/4

目標 2 .... ⬤/4

目標 3 .... ⬤/4

每筆記錄 .... ⬤/7

後援團 * .... ⬤/6

總點數 .... ⬤/25

* 如果出席俱樂部聚會，或者在網上跟成員交流就可以得分，如果沒有後援團，你可以給自己的意志打分數。

第 3 期總結

第 3 期成績單

把所有進步點數記到圖表上，畫出進步曲線，計算本期的分數。

我的進步總結

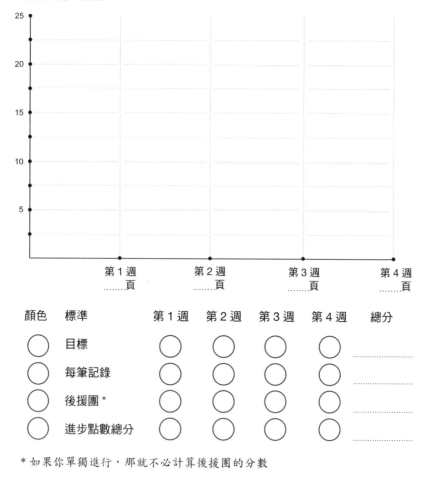

顏色	標準	第 1 週	第 2 週	第 3 週	第 4 週	總分
◯	目標	◯	◯	◯	◯	....
◯	每筆記錄	◯	◯	◯	◯	....
◯	後援團 *	◯	◯	◯	◯	....
◯	進步點數總分	◯	◯	◯	◯	....

*如果你單獨進行，那就不必計算後援團的分數

本期分數（第 1 週＋第 2 週＋第 3 週＋第 4 週）＝ .... /100

本期團體總結

每個成員都達到目標了嗎？　　　　　◯ 是　◯ 否

是否有團體獎勵？　　　　　　　　　◯ 是　◯ 否

是否要一同繼續進行下一期？　　　　◯ 是　◯ 否

如果是的話，何時開始下一期？　　　日期 20＿＿ / ＿＿ / ＿＿

3 期過後……

我達成我的主要目標了嗎？
接下來還有什麼要做？

做成了什麼？要如何再繼續成功？

我比兩個月前幸福嗎？
覺得這個新生活是我要的嗎？

接下來的 3 年，我的目標還是一樣嗎？

如果未來的目標不一樣了，我想要改變什麼？

改換心態只花你一分鐘，
但用這一分鐘就可以改變你一整天。
——普世智慧

想充分利用此筆記的所有工具，了解使用工具的方法，推薦您閱讀《M3 目標達成筆記術》。

　　如果不知道如何訂立目標，《M3 目標達成筆記術》可以幫您做自我診斷，找到可行的目標，以及如何擁有貫徹目標的動機與熱情。

Notes

M3 目標達成筆記
M3 Journal

作　　　者／達米安‧柯札特Damien Cozette
譯　　　者／劉美安
責 任 編 輯／余筱嵐

版　　　權／劉鎔慈
行 銷 業 務／王瑜、林秀津、周佑潔
總　編　輯／程鳳儀
總　經　理／彭之琬
發　行　人／何飛鵬
法 律 顧 問／元禾法律事務所　王子文律師
出　　　版／商周出版
　　　　　　台北市 104 民生東路二段 141 號 9 樓
　　　　　　電話：(02) 25007008　傳真：(02)25007759
　　　　　　E-mail：bwp.service@cite.com.tw
　　　　　　Blog：http://bwp25007008.pixnet.net/blog
發　　　行／英屬蓋曼群島商家庭傳媒股份有限公司 城邦分公司
　　　　　　台北市中山區民生東路二段 141 號 2 樓
　　　　　　書虫客服務專線：02-25007718；25007719
　　　　　　服務時間：週一至週五上午 09:30-12:00；下午 13:30-17:00
　　　　　　24 小時傳真專線：02-25001990；25001991
　　　　　　劃撥帳號：19863813；戶名：書虫股份有限公司
　　　　　　讀者服務信箱：service@readingclub.com.tw
　　　　　　城邦讀書花園：www.cite.com.tw
香港發行所／城邦（香港）出版集團有限公司
　　　　　　香港灣仔駱克道 193 號東超商業中心 1 樓；E-mail：hkcite@biznetvigator.com
　　　　　　電話：(852) 25086231　傳真：(852) 25789337
馬新發行所／城邦（馬新）出版集團 Cite (M) Sdn. Bhd.
　　　　　　41, Jalan Radin Anum, Bandar Baru Sri Petaling, 57000 Kuala Lumpur, Malaysia.
　　　　　　Tel: (603) 90578822　Fax: (603) 90576622　Email: cite@cite.com.my

封 面 設 計／李東記
排　　　版／極翔企業有限公司
印　　　刷／韋懋印刷事業有限公司
總　經　銷／聯合發行股份有限公司
　　　　　　電話：(02)2917-8022　傳真：(02)2911-0053
　　　　　　地址：新北市 231 新店區寶橋路 235 巷 6 弄 6 號 2 樓

■ 2020 年 9 月 8 日初版　　　　　　　　　　Printed in Taiwan
定價 350 元

Copyright © 2019, Damien Cozette
Complex Chinese translation copyright © 2020 by Business Weekly Publications, a division of Cité Publishing Ltd.
Complex Chinese Translation is published by arrangement with Damien Cozette c/o Gregory Messina, through The Grayhawk Agency.
All rights reserved.

城邦讀書花園
www.cite.com.tw
版權所有，翻印必究 EAN 4717702106515